Das Duell Buch

OMA VS OPA

Wir,

die Unterzeichnenden ______________ und ______________

erklären hiermit feierlich, dass wir dieses Duell wie zivilisierte Menschen austragen wollen. Der- oder diejenige von uns, der nach dem endgültigen Punktestand verloren hat, möchte es bitte vermeiden zu schmollen, zu weinen oder sogar Möbel umzuwerfen.
Während des Spiels sind nicht erlaubt:

- Freche Bemerkungen (außer sie sind wirklich witzig)
- Die Manipulation des Ergebnisses (Berechnung der Punkte)
- Und vor allem – keine Racheaktionen, falls jemand unter Anwendung unfairer Mittel gewinnen sollte.

Unterschrieben und besiegelt am ____________

Lasst uns zuvor übereinkommen, welch Lohn dem Sieger gebühret und welche lustige oder gar närrische Buße dem Verlierer auferlegt werden soll.

Der Gewinner bekommt: ______________________________

Der Verlierer muss: ______________________________

Unterschrift Spieler 1

Unterschrift Spieler 2

Der Ablauf

Spieler 1 wird gebeten,
das Regelwerk vorzulesen:

1. Ihr benötigt nur jeweils einen Stift und euer Handy.

2. Setzt euch gegenüber an einen Tisch und platziert das Buch zwischen euch.

3. Es ist erlaubt, ins Buch zu schreiben und zu malen.

4. Jede Aufgabe wird genau beschrieben. Bitte lest die Anweisungen abwechselnd vor!

5. Jede Aufgabe bringt euch eine bestimmte Punktzahl ein. Auf den nächsten Seiten findet ihr eure Punktekarten, in die ihr eure Punkte eintragen sollt. Übrigens ist es auch möglich, Minuspunkte zu sammeln.

6. Achtung! Bei Aufgaben mit diesem Symbol solltet ihr den Timer des Handys verwenden. Alternativ tut es auch die Eieruhr.

7. Der Spieler mit der höchsten Punktzahl am Ende des Spiels gewinnt.

Zusatzregeln

Spieler 2 liest nun bitte die zusätzlichen Regeln vor:

1. Demjenigen, der während des Spiels **zuerst** laut loslachen muss, werden **zwei Punkte** abgezogen.

2. Demjenigen, der während des Spiels die Toilette aufsuchen muss, werden ebenfalls **zwei Punkte** abgezogen.

3. <u>Solltet ihr euch uneinig sein:</u>
Differenzen bezüglich der Wertung von Antworten können im Handumdrehen komplikationslos mit einem schnellen **„Schere, Stein, Papier“** geklärt werden.

4. Während des Spiels dürft ihr euch ausschließlich nur als ***Spieler 1*** und ***Spieler 2*** anreden. Wer den echten Namen des Partners oder der Partnerin verwendet, dem wird für **jedes Mal ein Punkt abgezogen.**

Hier abreißen

Spieler 1 entfernt diese Seite ohne Hilfsmittel und ohne sie zu knicken – aus dem Buch. Wem es gelingt, die eigene Punktekarte ordentlicher herauszutrennen, für den oder die gibt es schon mal den **ersten Punkt**. No pressure!

Punktekarte für Spieler 1

Hier abreißen

Spieler 2 entfernt diese Seite ohne Hilfsmittel und ohne sie zu knicken – aus dem Buch. Wem es gelingt, die eigene Punktekarte ordentlicher herauszutrennen, für den oder die gibt es schon mal den **ersten Punkt**. No pressure!

Punktekarte für Spieler 2

Spieler 2

↑

Bitte das Buch jetzt so drehen, dass die Pfeile in die Richtung des entsprechenden Spielers zeigen. **Spieler 1** liest die erste Aufgabe, die auf der nächsten Seite steht, laut vor. Ach ja, zuvor wäre es empfehlenswert, dass ihr euch nochmals tief in die Augen schaut, um euch gegenseitig zu versichern, wie lieb ihr euch habt. Gerne auch mit einem kleinen **Küsschen!**

Spieler 1

↓

Sprichwörter

Sprichwörter

Zum Einstieg lassen wir es noch ein bisschen ruhiger angehen.

Auf der nächsten Seite findet ihr einige altherbrachte Sprichwörter, die noch beendet werden müssen. Wer von euch beiden den größeren Anteil der Sprüche **korrekt** vervollständigt, darf sich **für jeden, den er mehr hat, einen Punkt** aufschreiben.

Los geht's!

Die Lösungen stehen auf der nächsten Seite.

Alle Wege ____

Besser spät ____

Aller guten Dinge _______________________________________

Das Glück ist ____

Den Letzten beißen ______________________________________

Jeder Topf ____

Übung ____

Der Ton ____

Gelegenheit ____

In der Kürze ____

Lieber den Spatz ____

Kleinvieh ____

Die Lösungen stehen auf der nächsten Seite.

Alle Wege ____

Besser spät ____

Aller guten Dinge _______________________________________

Das Glück ist ____

Den Letzten beißen ______________________________________

Jeder Topf ____

Übung ____

Der Ton ____

Gelegenheit ____

In der Kürze ____

Lieber den Spatz ____

Kleinvieh ____

Jugendwörter der Vergangenheit

Man sagt: „Wer über die Jugend von heute schimpft, hat längst vergessen, wie es ist, selbst jung zu sein.“

Deshalb haben wir für euch einige Jugendwörter und/oder gebräuchliche Begriffe aus der Vergangenheit zusammengesucht. Wisst ihr auch, was sie bedeuten? Für jede richtige Antwort gibt es **einen Punkt.**

Eine ungefähre Beschreibung reicht aus!

Alle Wege führen nach Rom.
Besser spät als nie.
Aller guten Dinge sind drei.
Das Glück ist mit den Tüchtigen.
Den Letzten beißen die Hunde.
Jeder Topf findet seinen Deckel.

Übung macht den Meister.
Der Ton macht die Musik.
Gelegenheit macht Diebe.
In der Kürze liegt die Würze.
Lieber den Spatz in der Hand
als die Taube auf dem Dach.
Kleinvieh macht auch Mist.

Jugendwörter der Vergangenheit

Die Lösungen stehen auf der nächsten Seite.

Knorke ____

Mucke ____

Peilen ____

Gammeln ______________________________________

Arschfax ______________________________________

Lost ____

Die Lösungen stehen auf der nächsten Seite.

Knorke ____

Mucke ____

Peilen ____

Gammeln ____

Arschfax ____

Lost ____

Knorke - Sehr gut, klasse, spitze (1970er-Jahre, Begriff aus Berlin)

Mucke - Musik (1920 - 1950er-Jahre)

Peilen - Verstehen, begreifen (ursprünglich Seemannssprache, in der jetzigen Bedeutung 1980er-Jahre)

Gammeln - Faulenzen, nichts tun (ursprünglich von Gammel - verfaultes Zeug oder Unrat - war in den 1960er- und 1970er-Jahren für die Studentenbewegung gebräuchlich)

Arschfax - Das Unterhosenetikett, das hinten aus der Hose hängt (Zweitplatziertes Jugendwort des Jahres 2010)

Lost - Ahnungslos, desorientiert, unsicher, unentschlossen (Jugendwort des Jahres 2020)

Gedächtnis-Minispiel

Gedächtnis-Minispiel

Dabei habt ihr die Gelegenheit zu beweisen, wie gut oder schlecht euer Gedächtnis funktioniert. Auf der nächsten Seite stehen 5 Begriffe, die ihr euch merken solltet. Das wird sich später noch als wichtig erweisen.

Passt auf! Ihr habt **20 Sekunden Zeit**, um euch die Begriffe einzuprägen! Setzt einen Timer mit einem Handy.

3-2-1 ...

Dreamteam

Kissenschlacht

Morgenmuffel

Turteltauben

Spieleabend

Dreamteam

Kissenschlacht

Morgenmuffel

Turteltauben

Spieleabend

Der Soundtrack der Liebe

Wer als Erster während des Spiels hörbar furzt, bekommt **fünf Punkte!** Einfach weiterspielen, wenn gerade keiner von euch dazu in der Lage ist.

Der Soundtrack der Liebe

Musik ... Musik

Musik ... Musik

Auf der nächsten Seite findet ihr einige Fragen aus dem Themengebiet ‚Musik'. Für jede richtige Antwort gibt es **einen Punkt.**

Die Lösungen stehen auf der nächsten Seite.

Wer singt in seinem Lied von 1982 den Text: „Alles klar, Herr Kommissar?"

____

Welche Band schaffte mit der Single „Ohne dich" 1986 ihren Durchbruch?

____

Wie hieß das kleine Mädchen, das mit dem Schlagersänger Roy Black 1971 das Lied „Schön ist es auf der Welt zu sein" gesungen hat?

____

Wem widmete der Sänger Herbert Grönemeyer das Lied „Der Weg"?

____

Die Lösungen stehen auf der nächsten Seite.

Wer singt in seinem Lied von 1982 den Text: „Alles klar, Herr Kommissar?“

____

Welche Band schaffte mit der Single „Ohne dich” 1986 ihren Durchbruch?

____

Wie hieß das kleine Mädchen, das mit dem Schlagersänger Roy Black 1971 das Lied „Schön ist es auf der Welt zu sein” gesungen hat?

____

Wem widmete der Sänger Herbert Grönemeyer das Lied „Der Weg”?

____

Schlafmütze

Und jetzt mal etwas ganz Einfaches.

Wer heute Morgen früher aufgestanden ist, bekommt **zwei Punkte.** Es gibt da keinen Grund zur Aufregung oder Diskussion. Einfach nur ehrlich sein. Das sollte doch machbar sein, oder?

Falco (1957 - 1998), österreichischer Musiker

Münchener Freiheit - Diese Münchner Band besteht seit 1980 und hat sich nach einem gleichnamigen Café in München benannt.

Anita Hegerland, geb. 3. März 1961 in Norwegen

Seiner 1998 verstorbenen Frau Anna Henkel

Schlafmütze

Schätzfragen

Schätzfragen

Hier ist eine besondere Schätzfrage für euch. Wer der richtigen Antwort am nächsten kommt, erhält **drei Punkte**.

Auf der nächsten Seite geht es weiter.

Wie lang, war die längste dokumentierte Ehe der Welt?

____

Auf der nächsten Seite geht es weiter.

Wie lang, war die längste dokumentierte Ehe der Welt?

____

Die Lösungen stehen auf der nächsten Seite.

Karam und Kartari Chand aus Bradford in England schafften es auf unglaubliche **90 Ehejahre** und halten damit dem Weltrekord für die längste Ehe.

Derjenige von euch, der weiß, wie eine Hochzeit, die nach 90 Jahren Ehe gefeiert wird, heißt, erhält **drei Extra- Punkte!**

____

Die Lösungen stehen auf der nächsten Seite.

Karam und Kartari Chand aus Bradford in England schafften es auf unglaubliche **90 Ehejahre** und halten damit dem Weltrekord für die längste Ehe.

Derjenige von euch, der weiß, wie eine Hochzeit, die nach 90 Jahren Ehe gefeiert wird, heißt, erhält **drei Extra- Punkte!**

____

Zwei Behauptungen

Zwei Behauptungen – aber nur eine davon ist wahr! Ihr müsst erraten, ob These **A** oder **B** richtig ist. Für jede richtige Antwort gibt es wieder **einen Punkt.**

Zwei Behauptungen

Die Lösungen stehen auf der nächsten Seite.

1.

- ☐ **A.** Die Deutsche Post hat in den 70er Jahren des vorigen Jahrhunderts eine Duftbriefmarke mit dem Geruch von Leberwurst herausgebracht.
- ☐ **B.** In den 1960er-Jahren konnte man im Katalog Zigaretten per Post bestellen - sogar mit Geschenkverpackung.

2.

- ☐ **A.** Der erste Heimtrainer mit eingebautem Aschenbecher wurde 1981 auf einer Fitnessmesse vorgestellt.
- ☐ **B.** In den 1950er-Jahren war es üblich, dass im Fernsehen Strickkurse live übertragen wurden.

3.

- ☐ **A.** 1974 wurde in Berlin eine Disco ausschließlich für Menschen über 70 Jahren eröffnet.
- ☐ **B.** In den 1960er-Jahren war es in üblich, Fernsehgeräte mit Häkeldeckchen zu dekorieren - inklusive passendem Antennenschmuck.

Die Lösungen stehen auf der nächsten Seite.

1.

- ▢ **A.** Die Deutsche Post hat in den 70er Jahren des vorigen Jahrhunderts eine Duftbriefmarke mit dem Geruch von Leberwurst herausgebracht.
- ▢ **B.** In den 1960er-Jahren konnte man im Katalog Zigaretten per Post bestellen – sogar mit Geschenkverpackung.

2.

- ▢ **A.** Der erste Heimtrainer mit eingebautem Aschenbecher wurde 1981 auf einer Fitnessmesse vorgestellt.
- ▢ **B.** In den 1950er-Jahren war es üblich, dass im Fernsehen Strickkurse live übertragen wurden.

3.

- ▢ **A.** 1974 wurde in Berlin eine Disco ausschließlich für Menschen über 70 Jahren eröffnet.
- ▢ **B.** In den 1960er-Jahren war es in üblich, Fernsehgeräte mit Häkeldeckchen zu dekorieren – inklusive passendem Antennenschmuck.

1. → B
2. → B
3. → B

Das Foto

Das Foto

Jetzt ist es Zeit, Bonuspunkte zu vergeben!

Werfen wir einen Blick auf unsere Handys! Derjenige, der das neueste Foto (das Datum zählt) von seinem Partner gemacht hat, bekommt **zwei Punkte.**

Wenn einer von euch den Partner bzw. die Partnerin als Hintergrundbild gespeichert hat, finden wir das besonders nett - dafür gibt es sogar **vier Punkte.**

Was ist das?

Jetzt wird's lustig! Ihr habt jetzt beide etwas Zeit, durch die Wohnung zu laufen und einen **kleinen**, geheimen Gegenstand, der sich im Haus befindet, auszusuchen.

Ihr müsst dann **abwechselnd mit geschlossenen Augen** und nur durch **Ertasten des Gegenstandes** erraten, was es für ein Gegenstand ist.

Wer den Gegenstand vom Partner, innerhalb von **120 Sekunden** errät, bekommt **drei Punkte**. Wer es nicht schafft, bekommt **einen Punkt abgezogen.**

Tipp: Achtet darauf, dass euer Partner den Gegenstand beim Suchen nicht schon sieht. Geht von Zimmer zu Zimmer, damit es nicht auffällig ist, woher eurer Gegenstand kommt. Wenn ihr euch wieder an den Tisch setzt, kann der Gegenstand versteckt auf eurem Schoß liegen.

Was ist das?

WhatsApp Rekordantwort

WhatsApp Rekordantwort

Wie gut könnt ihr eure sozialen Kontakte einschätzen?

Bitte sucht euch beide eine beliebige Person aus, von der ihr der Meinung seid, dass sie oder er möglichst schnell auf WhatsApp (oder einem Messenger eurer Wahl) antworten wird. Dann schickt ihr beide bitte zeitgleich diesen Text an die Person eurer Wahl:

> ***„Ich trage gerade ein Duell mit meinem Schatz aus. Es geht dabei um die Ehre. Antworte bitte schnell, dann kann ich gewinnen.“***

Achtung: Ihr dürft aber nicht im Voraus überprüfen, ob die Person eurer Wahl gerade online ist!

Die Messages jetzt schreiben und dann gleichzeitig auf „Senden“ drücken. Derjenige, der zuerst eine Antwort erhält, bekommt **vier Punkte.** Danach kann weitergespielt werden.

Findet den Fehler

Das Spiel erklärt sich von selbst: Ihr habt **30 Sekunden** Zeit, um möglichst viele Fehler zu entdecken. Am Ende gewinnt derjenige, der die meisten Fehler gefunden hat und bekommt **zwei Punkte.** Also, genau hinschauen!

3-2-1 ...

Findet den Fehler

Labyrinth

Labyrinth

Jetzt ist Geschwindigkeit angesagt! Auf der nächsten Seite sind zwei identische Labyrinthe mit Start und Ziel abgebildet. Spieler 1 zählt nun von drei rückwärts und ihr beginnt bitte gleichzeitig - mit dem Stift - den Weg zum Ziel zu finden. Der Gewinner bekommt **drei Punkte.** Ready?

3-2-1 ...

Start

Ziel

Start

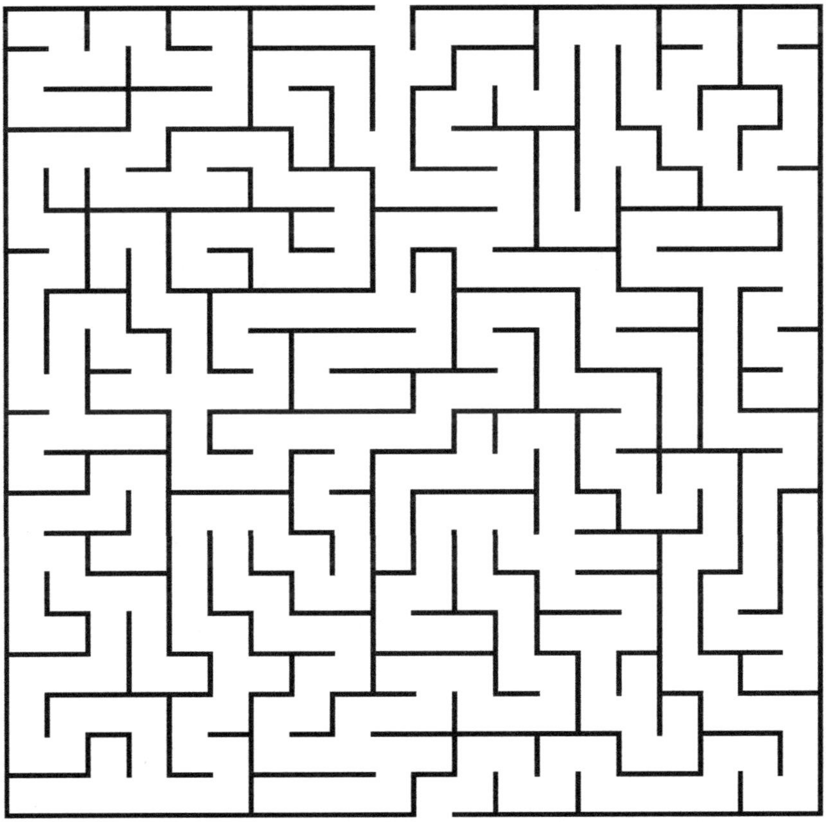

Ziel

Wie gut kennst du mich?

Jeder von euch beantwortet die Fragen auf der nächsten Seite. Dann überprüft ihr, ob euer Partner die Antworten richtig errät.

Für jede richtige Antwort gibt es wieder **einen Punkt.**

Erinnert euch: bei Uneinigkeiten entscheidet Stein, Schere, Papier.

Wie gut kennst du mich?

Wo war euer erstes Date?

____

Wo war euer erster Kuss?

____

Welche Schuhgröße hat dein Partner?

____

Was ist das Letzte, das dein Partner tut, bevor er/sie ins Bett geht?

____

Was ist die Lieblingsbeschäftigung deines Partners?

____

Welche berühmte Person findet dein Partner besonders attraktiv?

____

Ihr sitzt beim Italiener. Welches Gericht bestellt dein Partner?

____

Welches Fach mochte der Partner in der Schule am wenigsten?

____

Wer sucht öfter das gemeinsame Urlaubsziel aus?

____

Wo war euer erstes Date?

____

Wo war euer erster Kuss?

____

Welche Schuhgröße hat dein Partner?

____

Was ist das Letzte, das dein Partner tut, bevor er/sie ins Bett geht?

____

Was ist die Lieblingsbeschäftigung deines Partners?

____

Welche berühmte Person findet dein Partner besonders attraktiv?

____

Ihr sitzt beim Italiener. Welches Gericht bestellt dein Partner?

____

Welches Fach mochte der Partner in der Schule am wenigsten?

____

Wer sucht öfter das gemeinsame Urlaubsziel aus?

____

Weltkarte

... gewußt, wo?

Weltkarte

... gewußt, wo?

Hier dürft ihr eure Geographie-Skills auspacken! Wir suchen nämlich die Hauptstadt eines bestimmten Landes.

Auf der nächsten Seite ist die Weltkarte abgebildet. Setzt ein kleines Kreuz auf die Karte, wo ihr glaubt, dass sich die Stadt **Port-au-Prince** befindet.

Danach vergleicht ihr, wer näher dran ist. Der Gewinner bekommt satte **vier Punkte!**

Wo befindet sich die Stadt **Port-au-Prince?**

Die Auflösung gibt es auf der nächsten Seite.

Wo befindet sich die Stadt **Port-au-Prince?**

Die Auflösung gibt es auf der nächsten Seite.

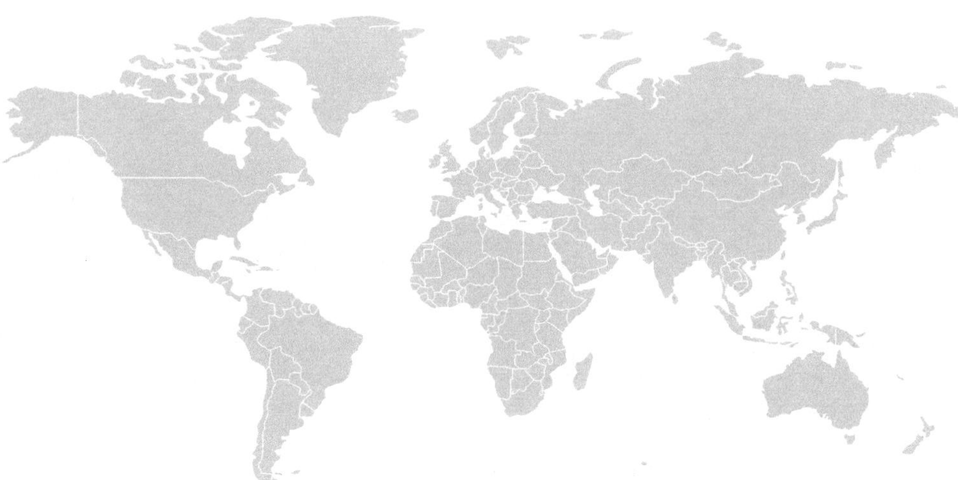

Port-au-Prince ist die Hauptstadt von Haiti. Das Insel befindet sich in der Karibik und ist bekannt für seine Strände, Urlaubsorte und Golfplätze. Vielleicht ein potenzielles Reiseziel für euch beide?

Port-au-Prince ist die Hauptstadt von Haiti. Das Insel befindet sich in der Karibik und ist bekannt für seine Strände, Urlaubsorte und Golfplätze. Vielleicht ein potenzielles Reiseziel für euch beide?

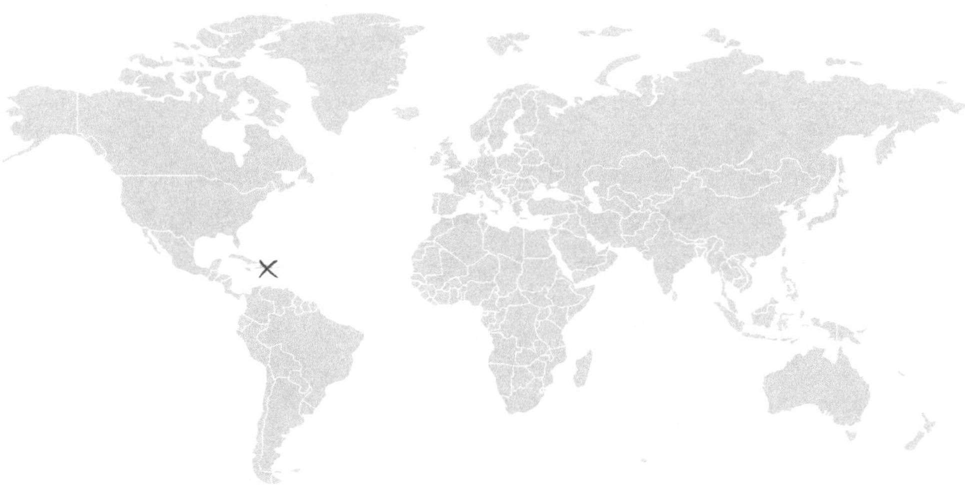

Buchstaben-kuddelmuddel

Auf der nächsten Seite findet ihr drei Wörter, deren Buchstaben komplett durcheinandergewürfelt sind!

Wer als Erster alle Wörter richtig erraten hat, gewinnt die Runde und bekommt **drei Punkte**. Hier ein kleiner Hinweis: Diese drei Dinge sind wichtig für eine gesunde Beziehung!

3-2-1 ...

Buchstaben-kuddelmuddel

Die Antworten stehen auf der nächsten Seite.

NZRATOLE

_ _ _ _ _ _ _ _

RVNNEE

_ _ _ _ _ _

DLDGEU

_ _ _ _ _ _

Die Antworten stehen auf der nächsten Seite.

NZRATOLE

_ _ _ _ _ _ _ _

RVNNEE

_ _ _ _ _ _

DLDGEU

_ _ _ _ _ _

Toleranz
Nerven
Geduld

Quizfragen

Quizfragen

Was wäre ein Duell ohne Quizfragen? Für jede richtige Antwort erhaltet ihr **einen Punkt.** Das Quiz umfasst zwei Seiten.

Welcher Vogel kann rückwärts fliegen?

____

Wer war Albert Einstein?

____

Wie heißt die berühmteste Straße in New York City?

____

Welcher deutsche Dichter schrieb „Faust"?

____

Wie viele Planeten sind kleiner als die Erde?

____

Wie nennt man die Lehre vom Wetter?

____

Was bedeutet die Abkürzung „DIY"?

____

Welcher Vogel kann rückwärts fliegen?

____

Wer war Albert Einstein?

____

Wie heißt die berühmteste Straße in New York City?

____

Welcher deutsche Dichter schrieb „Faust"?

____

Wie viele Planeten sind kleiner als die Erde?

____

Wie nennt man die Lehre vom Wetter?

____

Was bedeutet die Abkürzung „DIY"?

____

Die Antworten stehen auf der nächsten Seite.

Wer schrieb „Harry Potter"?

____

Wie heißt die Hauptstadt von Kanada?

____

In welcher Sportart kann man ein „Bogey" erzielen?

____

Wie nennt man ein fünfeckiges Vieleck?

____

Wie nennt man ein Wort, das von vorne und hinten gleich gelesen werden kann?

____

Welches Tier ist das größte auf der Erde?

____

Welche französische Modeschöpferin gilt als Erfinderin des „Kleinen Schwarzen"?

____

Die Antworten stehen auf der nächsten Seite.

Wer schrieb „Harry Potter“?

____

Wie heißt die Hauptstadt von Kanada?

____

In welcher Sportart kann man ein „Bogey“ erzielen?

____

Wie nennt man ein fünfeckiges Vieleck?

____

Wie nennt man ein Wort, das von vorne und hinten gleich gelesen werden kann?

____

Welches Tier ist das größte auf der Erde?

____

Welche französische Modeschöpferin gilt als Erfinderin des „Kleinen Schwarzen“?

____

Kreuzworträtsel

Auf der nächsten Seite findet ihr ein kleines Kreuzworträtsel. Ihr habt **120 Sekunden** Zeit, es zu lösen! Wer die meisten Wörter erraten hat, erhält **drei Punkte.**

3-2-1 ...

Antworten:

Kolibri
Ein Physiker
Broadway
Johann Wolfgang von Goethe
3 (Merkur, Mars, Venus)
Meteorologie
Do it yourself

J.K. Rowling
Ottawa
Golf
Pentagon
Palindrom
Der Blauwal
Coco Chanel

Kreuzworträtsel

1. Das, was Paare besonders genießen: Zeit nur für sich.
2. Was man sich oft sagt, um dem anderen eine Freude zu machen.
3. Wenn beide ein ähnliches Outfit tragen - ob absichtlich oder nicht.
4. Das Happy End nach einem Streit.

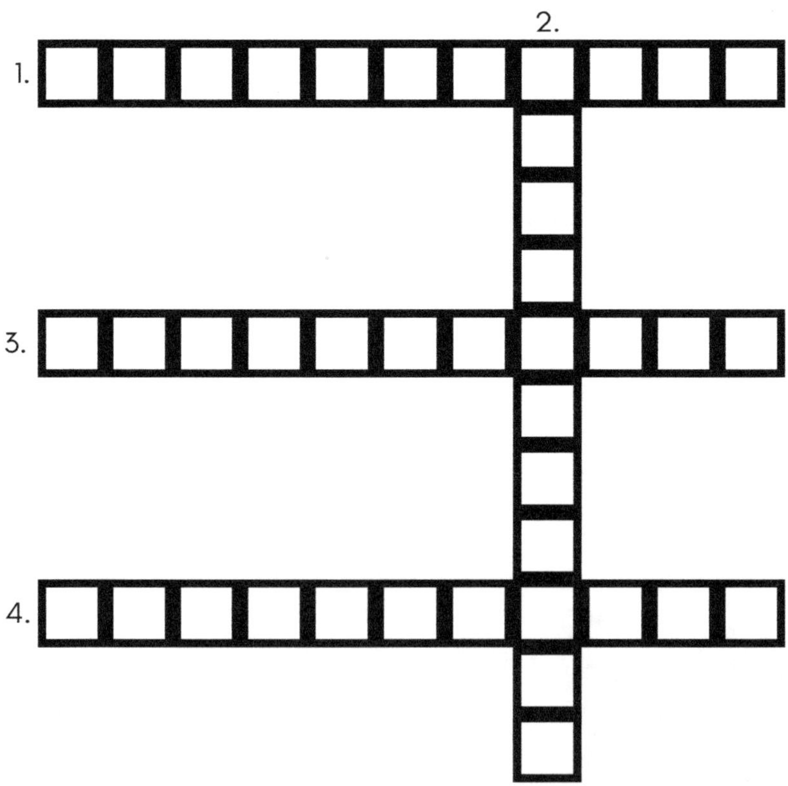

1. Das, was Paare besonders genießen: Zeit nur für sich.

2. Was man sich oft sagt, um dem anderen eine Freude zu machen.

3. Wenn beide ein ähnliches Outfit tragen – ob absichtlich oder nicht.

4. Das Happy End nach einem Streit.

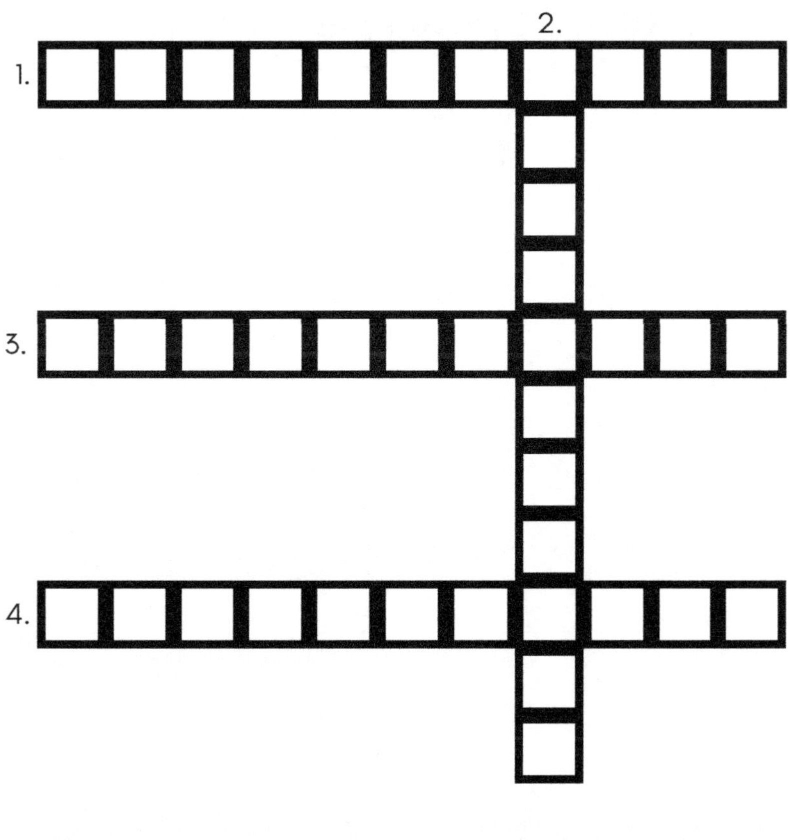

1. Zweisamkeit
2. Komplimente
3. Partnerlook
4. Versoehnung

Badezimmer-Check

Badezimmer-Check

Du brauchst immer so lange im Bad! Diesen Spruch schon mal gehört?

Wie gut kennt ihr die Präferenzen des anderen, wenn es um die Pflegeartikel geht?

Die Fragen, die auf der nächsten Seite richtig beantwortet werden, ergeben jeweils **einen Punkt.**

Von welcher Marke ist die Zahnpasta deines Partners?

____

Von welcher Marke ist das Shampoo?

____

Und das Deo oder Parfüm?

____

Von welcher Marke ist die Zahnpasta deines Partners?

____

Von welcher Marke ist das Shampoo?

____

Und das Deo oder Parfüm?

____

Helden des Haushalts

Mal sehen wer von euch mehr im Haushalt erledigt!

Auf der nächsten Seite ist eine Liste mit Aufgaben die normalerweise im Haushalt gemacht werden müssen. Wer die jeweilige Aufgabe **zuletzt** erledigt hat, bekommt **einen Punkt.**

Helden des Haushalts

Wer hat **zuletzt** diese Aufgaben im Haushalt erledigt?

- ☐ Müll raus gebracht.
- ☐ Geschirrspüler ausgeräumt.
- ☐ Den Boden gewischt.
- ☐ Das Auto gewaschen.
- ☐ Ein Mahl für beide gekocht.
- ☐ Lebensmittel eingekauft.

Wer hat **zuletzt** diese Aufgaben im Haushalt erledigt?

- ☐ Müll raus gebracht.
- ☐ Geschirrspüler ausgeräumt.
- ☐ Den Boden gewischt.
- ☐ Das Auto gewaschen.
- ☐ Ein Mahl für beide gekocht.
- ☐ Lebensmittel eingekauft.

Drei gewinnt

Selbsterklärend, oder?

Für jedes gewonnene Spiel gibt es **einen Punkt.**

Wenn alle drei Spiele unentschieden ausgegangen sind, dann bekommt jeder von euch **einen Punkt.** Spieler 2 beginnt.

Rätselgeschichte

Ihr habt **120 Sekunden** Zeit, um die drei nicht ganz ernstgemeinten Rätsel auf der nächsten Seite zu lösen.

Ihr bekommt **einen Punkt** für jede richtige Lösung.

3-2-1 ...

Rätselgeschichte

Die Antworten stehen auf der nächsten Seite.

Ein Mann schwitzt stark, trägt aber trotzdem dicke Handschuhe. Wieso?

____

Jemand schiebt einen Stein vor ein Hotel, zahlt 40.000 Euro und geht dann weiter. Wo ist das Hotel?

____

Hanna steht hinter Michael und Michael steht hinter Hanna. Wie kann das sein?

____

Die Antworten stehen auf der nächsten Seite.

Ein Mann schwitzt stark, trägt aber trotzdem dicke Handschuhe. Wieso?

Jemand schiebt einen Stein vor ein Hotel, zahlt 40.000 Euro und geht dann weiter. Wo ist das Hotel?

Hanna steht hinter Michael und Michael steht hinter Hanna. Wie kann das sein?

Der Mann ist Boxer.

Das Hotel befindet sich auf der
Schlossallee von Monopoly.

Sie stehen mit dem Rücken zueinander.

Blindschreiben

Blindschreiben

Seid ihr Rechts- oder Linkshänder?

Auf der nächsten Seite findet ihr einige Wörter, die ihr jetzt mit geschlossenen Augen und mit der **schwächeren** Hand schreiben sollt.

Wer es am leserlichsten schafft, bekommt pro Wort **einen Punkt** gutgeschrieben. Und ja, ihr dürft euch gegenseitig helfen und die Wörter einander buchstabieren, keine Sorge.

Premierministerin

____

Komplizenschaft

____

Handarbeitstechnik

____

Premierministerin

Komplizenschaft

Handarbeitstechnik

Zeichenduell

Hier dürft ihr nun eure künstlerischen Fähigkeiten unter Beweis stellen! Die nächste Seite ist komplett leer. Wir möchten, dass ihr abwechselnd mit **geschlossenen Augen** und mit der **schwächeren Hand** (also Linkshänder mit der rechten Hand und umgekehrt) einen Pinguin mit einem Hut malt. Danach müsst ihr euch einigen, wer jetzt schöner gemalt hat. Der Gewinner bekommt **drei Punkte**.

Falls ihr euch nicht einigen könnt, dürft ihr eure Bilder, als Foto, an einen WhatsApp-Kontakt schicken, damit diese Person für euch die Entscheidung trifft.

Spieler 1 beginnt mit der Zeichnung.

Zeichenduell

Wortsuche

Wortsuche

Wer schafft es, in **180 Sekunden** die meisten Begriffe zu finden?
Der Gewinner bekommt **drei Punkte.**

3-2-1 ...

Eifersucht	Fernbeziehung
Löffelchen	Romantik
Date	Schatz
Geschenke	Geduld
Seelenverwandte	Liebesbrief

E	S	T	F	V	T	R	B	G	A	L	U	A	S	L
Z	I	F	W	A	B	O	M	S	D	Ö	I	K	N	Ö
Q	F	F	B	W	D	R	O	E	L	F	D	Ö	X	R
A	E	D	E	T	Z	N	Q	G	U	F	A	U	F	B
V	R	I	Ö	R	D	V	J	J	D	E	N	B	N	F
H	N	G	M	Ö	S	U	J	R	E	L	L	E	G	E
J	B	E	E	S	M	U	F	K	G	C	W	O	Z	I
Z	E	S	N	C	E	J	C	Ö	D	H	C	T	V	R
Q	Z	C	A	F	I	H	T	H	Ö	E	F	B	X	B
A	I	H	D	U	X	N	N	M	T	N	Z	I	L	S
S	E	E	L	E	N	V	E	R	W	A	N	D	T	E
B	H	N	L	R	M	R	O	M	A	N	T	I	K	B
P	U	K	S	C	H	A	T	Z	Y	B	E	L	R	E
R	N	E	R	C	A	J	I	D	A	T	E	B	Z	I
P	G	U	F	H	R	A	D	D	X	G	E	K	K	L

Eifersucht
Löffelchen
Date
Geschenke
Seelenverwandte
Fernbeziehung
Romantik
Schatz
Geduld
Liebesbrief

E	S	T	F	V	T	R	B	G	A	L	U	A	S	L
Z	I	F	W	A	B	O	M	S	D	Ö	I	K	N	Ö
Q	F	F	B	W	D	R	O	E	L	F	D	Ö	X	R
A	E	D	E	T	Z	N	Q	G	U	F	A	U	F	B
V	R	I	Ö	R	D	V	J	J	D	E	N	B	N	F
H	N	G	M	Ö	S	U	J	R	E	L	L	E	G	E
J	B	E	E	S	M	U	F	K	G	C	W	O	Z	I
Z	E	S	N	C	E	J	C	Ö	D	H	C	T	V	R
Q	Z	C	A	F	I	H	T	H	Ö	E	F	B	X	B
A	I	H	D	U	X	N	N	M	T	N	Z	I	L	S
S	E	E	L	E	N	V	E	R	W	A	N	D	T	E
B	H	N	L	R	M	R	O	M	A	N	T	I	K	B
P	U	K	S	C	H	A	T	Z	Y	B	E	L	R	E
R	N	E	R	C	A	J	I	D	A	T	E	B	Z	I
P	G	U	F	H	R	A	D	D	X	G	E	K	K	L

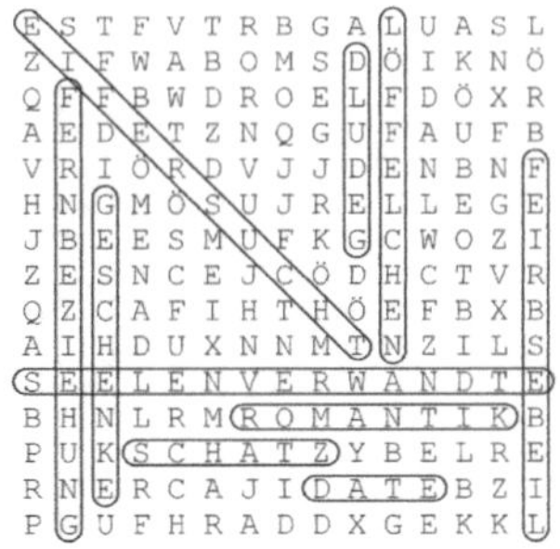

Basketball

Trennt die Seite mit dem Ball vorsichtig aus dem Buch heraus und knüllt sie zusammen. Stellt ein beliebiges Gefäß in die Mitte des Tisches. Jeder Spieler hat **drei Würfe.** Für jeden Treffer gibt es **zwei Punkte.** Spieler 2 fängt an.

Fußball

Euer Basketball wird jetzt zu einem Fußball!

Formt mit den Fäusten und gestreckten Zeigefingern ein Tor auf dem Tisch **(siehe Abbildung)**. Der Fußball muss mit dem Finger ins Tor geschnipst werden. Einigt euch darauf, aus welcher Entfernung ihr schießen wollt. Ihr habt beide **drei Versuche.**

Spieler 1 fängt als erstes an. Für jedes Tor bekommt ihr **zwei Punkte**.

Gedächtnis-Minispiel

Wer von Euch kann sich an die fünf Begriffe erinnern, die wir am Anfang merken sollten? Notiert sie auf der nächsten Seite.

Für jedes Wort, an das ihr euch erinnern könnt, gibt es **einen Punkt.**

Gedächtnis-Minispiel

Lösungen stehen auf der nächsten Seite.

Lösungen stehen auf der nächsten Seite.

Dreamteam
Kissenschlacht
Morgenmuffel
Turteltauben
Spieleabend

Glückwunsch!

Ihr habt überlebt!

Zählt eure Punkte und kürt den glorreichen Sieger dieses epischen Paarduells! Wir hoffen wirklich, dass alle Möbel noch intakt sind und ob ihr euch jetzt inniger liebt oder euch überlegt, getrennte Wege zu gehen – Hauptsache, ihr hattet Spaß! Habt ihr Fragen, Kritik oder brillante Verbesserungsvorschläge? Dann schreibt uns gerne unter: **mindsmakemagic@gmail.com**

Falls euch das Spiel gefallen hat, freuen wir uns riesig über eine Weiterempfehlung und eine ehrliche Bewertung bei Amazon.

Maximilian Freude

Impressum

Deutschsprachige Erstausgabe 2025

Author: Maximilian Freude
Lektorat: Jutta Schneider

Vertreten von:
Kris Richter
Augustinerstraße 8b
83395 Freilassing

ISBN: 978-3-911984-01-0

Noch mehr Duell-Bücher? Aber klar doch!

Die Bücher gibt's jetzt zusätzlich auf
Thalia.de und **Hugendubel.de**

Hier gibt's das Buch auf Amazon!

Hier geht's um ECHTE Paarzeit - aktiv, witzig und garantiert unvergesslich!

Perfekt für Date Nights, Spieleabende oder einfach, um eure Paarzeit aktiver und lustiger zu gestalten! Heute mal kein Netflix, kein Scrollen, kein Langeweile-Modus! Denn dieses Buch bringt euch beide definitiv zum Lachen.

Ihr braucht nichts weiter als ein bisschen Zeit und einen Stift! Das Buch führt euch Schritt für Schritt durch die Aufgaben. Aber aufgepasst: Es kann nur EINEN Sieger geben! Also gebt euch vorher lieber noch ein kleines Küsschen... denn danach wird gekämpft!

Wer gewinnt und wer muss am Ende die Strafe einlösen?
Los geht's - wenn ihr euch traut!

Hier gibt's das Buch auf Amazon!

Keine Lust mehr auf den Standard-Schokoladenkalender? Wir haben die Lösung!

Der Dezember ist oft vollgepackt mit Geschenkestress, Terminen, Einkaufsliste und Weihnachtschaos. Genau dann geht das Wichtigste leicht unter: Zeit füreinander.

Dieses Spiel ist euer spielerischer Begleiter durch den Dezember - 24 lustige Spiele, Challenges und verrückte Gutscheine, die eure Vorweihnachtszeit und eure Beziehung aufs nächste Level bringen! Perfekt als Geschenk für alle Paare, die zwischen Geschenkestress, Deko-Chaos und Party-Planung dringend mal wieder lachen, wetteifern und echte Paarzeit genießen wollen.

Ein Adventskalender, der beweist: Geschenke sind toll, Schokolade auch - aber das Beste, was ihr euch schenken könnt, ist Zeit miteinander.

Printed in France by Amazon
Brétigny-sur-Orge, FR

33593105R00067